Adalbert Mayer-Heinricy

des Meeres und der Liebe Wogen

Gedichte

Adalbert Mayer-Heinricy

des Meeres und der Liebe Wogen

Gedichte

Edition Falkenberg

Abbildung auf dem Umschlag:
»Lange Anna« auf Helgoland, Ölbild des Autors (60 cm x 70 cm)

1. Auflage 2019

Bgm.-Spitta-Allee 31, 38329 Bremen

produktsicherheit@edition-falkenberg.de

ISBN 978-3-95494-083-7
www.edition-falkenberg.de

Inhalt

Vorwort 7
Liebe, Meer, Fels und Sand – Helgoland 9
die Liebe der Nachtigall zur Rose 35
Liebe, Tod und Teufel 55
Quellen 154

Vorwort

Meine Texte handeln von Streben nach Zielen und Suchen nach Wahrheit, von Sehnsucht und Erwartung, von den Möglichkeiten und Grenzen unseres Wollens, von Erfüllung und Scheitern, von Lieben und Leiden, von Zeit und Vergänglichkeit.

Das Motiv von der Nachtigall und der Rose stammt aus dem persisch- arabischen Kulturkreis; die Beziehung der beiden Wesen gilt als Sinnbild für Lieben und Leiden.

Von einigen Gedichten anderer Autoren verfasste ich Abwandlungen (Variationen).
Bei einigen Gedichten folgte ich dem Reimstil (aaba) der Vierzeiler des persischen Mathematikers und Astronomen Omar Chayyam (1048-1131).

Die Texte entstanden zwischen 2013 und 2019; ein erster Teil wird hier, nach Themen geordnet, vorgestellt.

Inspiration und vielfältige Impulse verdanke ich Laura.

Worpswede, Mai 2019 Adalbert Mayer-Heinricy

Liebe, Meer, Fels und Sand - Helgoland

Fata Morgana?

Weit weg, im hohen Himmelsblau,
das Bildnis flimmert einer edlen Frau
auf einem Eiland fern im Ozean:
Ist’s Spiegelvision? Ist’s Traumbildschau?

Meermaid auf der Klippe

Auf hoher Felsenkant im Meer,
gefeit gen Sturm und Flut,
ganz einsam auf der Insel und allein,
ein Weib harrt aus mit stolzem Mut.

Kein Seemann steuern kann
sein Schiff mit sich'rer Hand
hindurch den Wall der Brandung,
noch erklimmen eine Klippenwand.

Von unsichtbaren Flügeln, weit getragen,
nur ein einzig' Schiff hat Macht und Wucht,
zu bahnen sich den Weg zur Meermaid:
der Liebe Sehnsucht.

die Perle

Am Meeresboden träge haust die Muschel auch,
sie klammert zähe sich an Sand und Stein.
Die schöne Perle tief schläft in der Muschel Bauch
schon lange Zeit, ganz einsam und allein.

In der Meerestiefe Welt und in der Finsterkeit
die Perle nicht kann ahnen, wie an Sonne,
wie bei Licht und Wärme, wie an Luft in Freieheit,
das Leben kann gedeih'n zu größ'rer Wonne.

Von einer edlen Perle träumt ein guter Mann,
ins Netz noch nie ihm je geriet ein Muscheltier.
Er taucht ins Meer mit Mut und mächtigem Elan
und sucht die Perle in dem Einsiedlerquartier.

Wer Wahrheit will erkennen, Wesen, Grund,
der muss tauchen – tief! Nur dieser kann entdecken
eine Perle und sie rauben aus der Muschel Schlund,
nur der wird eine Perle voll zu Glanz erwecken.

der Fischer und die Meerjungfrau

Schlank und biegsam ist ihr Leib,
goldgelockt das Haar, die Augen meeresgrün.
Verführung lockend singt das Weib.
Mächtiges Begehren jäh erfasst da ihn.

Sie warnt: „He, Seemann, gib doch acht!
Bei Sturm gerätst Du rasch in Not,
das Meer, es tost und tobt mit Macht.
Nicht kentern lass dein gutes Boot!“

„Raffe deine Segel! Mache schnell!
Du schießt am Ziel ja weit vorbei!“
Doch zur Nixe zieht es den Gesell’,
Gefahr und Boot ihm bleiben einerlei.

Der Fischer nicht mehr leben will alleine,
nur die Nixe hat er noch im Sinn,
hält prall die Segel, straff die Leine,
bleibt auf Kurs zur Insel hin.

Der Sturm jedoch wirft ihn ins Meer.
„Seenot! Hilfe! Ho! Heda! Hoiho!
Nixe! Du, mein Schatz und mein Begehr,
ach, rette mich! Liebste, wo bist Du? Wo?“

Die Segel sind zerfetzt.
Zerborsten ist das Boot.
Die Nixe unverletzt.
Der Fischer, der ist tot.

Februar auf Helgoland

Nordseeinsel, wildes Meer,
Felsen, Klippen ockerrotgraubraun,
trüber Himmel, wolkenschwer,
Wellen, Brandung, Gischt und Schaum.

Auf den Klippen wand're ich entlang,
dem Wind aus Süd entgegen,
schräg und langsam ist mein Gang
in Kälte, Schnee und Hagel, Regen.

Da treibt der Sturm ein Weib mir zu:
Wir halten, tauschen unser'n Blick
und dann spontan umarmen uns im Nu.
Ich plante, doch mich lenkte Zufall: Glück.

Meine Zeit gehört fortan ganz ihr
und sie schenkt mir auch ihre Zeit.
Die Insel frohgemut erkunden wir
in Stunden und in Tagen eins zu zweit.

Du bist

Du bist ein Feuerstein im weißen Sand,
bist Insel, Ufer und mein Strand,

bist Felsenriff im wilden Meer,
mein Segel, Anker, mein Begehr,

Gefährtin stets bei Sonne, Regen, Sturm,
mein Gral, mein Pol, mein Leuchtturm.

die Meerjungfrau

Auf den Klippen stehe ich, den steilen, roten,
blick' hinab aufs graublaugrüne Meer,
hinauf zum Himmel, unser'm Wetterboten.
Stürmisch weht der Wind von Nordwest her.

Wetter und Gezeiten mit dem Meere spielen,
hoch zu wilden Wogen sich die Wasser türmen,
mächtig Fluten auf die Klippen zielen,
Felsen fest die Inselwelt beschirmen.

In die Wolken, welche über mir rasch eilen,
malt der Himmel stolze, flammende Gestalten:
Fratzen böser Gauner, welche bei uns weilen
und Gesichter mächt'ger Götter, welche in uns walten.

Heulen der Winde, Pfeifen und Sausen,
Brüllen der Wasser, Rauschen und Brausen:
Laut erschallt die Urmusik archaischer Gewalten.
Ich schaue und lausche, meine Sinne sich entfalten:

In die tiefe Welt des Meeres die Gedanken dringen
und mein Denken wach zum Sehen zwingen:
Farben seh' ich, schillernd, wirrend jäh entstehen.
Strukturen blick' ich, gaukelnd rasch vergehen.

In Schwärmen zahllos Silberfischlein wimmeln,
Scharen grüner Mikroalgen emsig tümmeln.
Aus Seesternwesen wilde Ungeheuer jäh entstehen,
Muschelschalen riesig sich zu Galaxien aufblähen.

Jäh gewahre ich: ein Antlitz, – ein Körper, – ein Weib!
Algenwuchs umschlingt den schönen, bleichen Leib.
Smaragde Augen, lockig wallend gold'nes Haar
und ein Korallenmund: Ich kenn' die Maid, fürwahr!

„Liebster, lange habe ich gewartet schon auf Dich.
Komm! Komm! – Komm herab zu mir! – Erlöse mich!"
Ohne Zögern weder Furcht noch Bangen:
„Liebste, ach, ich komm' mit Lust und mit Verlangen!"

Zum Abgrund beug' ich mich – schon will ich springen,
hebe ab – doch ach! – mir will es nicht gelingen.
Jemand hält mich, hindert mich, hinab zu kippen:
Die Meermaid ist's, die mir gefolgt ist auf die Klippen.

der Schiffbrüchige

Es braust der Sturm, es türmen sich die Wogen,
Wolken jagen über das gepeitschte Meer.
Auf mich ein Felsenriff kommt zugeflogen,
kein Entrinnen gibt es für mich mehr.

Bei Sturm allein auf See in höchster Not:
Fluten ungestüm mich werfen hin ans Land,
zertrümmert wird mein gutes Boot,
betäubt, halbtot bleib' liegen ich am Strand.

Wünsche, Träume hab' ich jäh verspielt.
Zielen, Plänen muss ich nun entsagen.
Nie zuvor ich habe mich so elendig gefühlt.
Werd' ich nie mehr Lieb' und Freude haben?

Es heult der Sturm, es tobt das Meer,
ich frier' in Finsternis und Einsamkeit.
Das Eiland öde ist, ganz menschenleer.
Wie endlos langsam nun verrinnt die Zeit!

Plötzlich eine Lichtgestalt taucht auf, ein Weib:
Im holden Antlitz meeresgrüne Augen blinken,
Goldhaar krönt ihr Haupt und edel ist ihr Leib.
Aus ihrer Augen Meere meine Augen trinken.

Die Meermaid freundlich pflegt mir meine Wunden,
bald fühle ich mich heil und bin wie neugeboren.
Wie rasend schnell entfliehen nun die Stunden!
Mein Leben hab' gewonnen ich, mein Herz verloren.

Jäh ist aufgetaucht die Maid, doch jäh entflogen.
Die Sonne sinkt, ich bleib' zurück in Herzensnot.
Sinnend lausche ich dem Schall der Meereswogen,
blicke zu den Sternen und auf das zerborst'ne Boot.

Poseidons Werk

Ärger hat Hephaistos, dieser Wilde,
tobt im tiefen Schoss der Erde.
Glut und Feuer speit sein Magen,
Gas und Staub bläst seine Lunge
in den klaren Äther heiler Welt,
dass Nacht es wird im Erdenkreis.

Doch Poseidon, der Gefürchtete,
schöpft Wasser aus dem Meer,
löscht aus den Brand
und lässt erstarren rasch
den feurig, heißen Brei des Magmas
dann zu festem, roten Felsgestein.

Mächtig lässt Poseidon auch, der Weise,
stark erbeben tief den Meeresgrund,
zertrümmert Gletscher an den Polen,
peitscht mit Sturm das Meer
und treibt das Eis und alle Wasser
hin zum Gürtelsaum der Erde.

So hebt den Spiegel er des Meeres
und erschafft ein einzigartig Eiland:
rote Felsen, grüne Matten, weißen Sand.
Listig lockt Poseidon so, der Lüsterne,
Aphrodite, die Gemahlin des Hephaistos,
jene schaumgebor'ne Schöne.

Auf den Wellen reitend gleitet Aphrodite her
und nimmt das Felsenkleinod in Besitz.
Aus feinem Muschelsand gestaltet sie
den Dünengarten, einen Heil'gen Hain
für Liebende, für Götter und für Menschen,
zur Begegnung, Freude und zur Lust.

Auf dem höchsten Punkt der Klippen dann
errichtet einen Tempel sie, geweiht der Liebe
und bestimmt zur Schirmherrin
von Eiland, Hain und Tempel jene Meermaid,
die gezeugt ward auf dem Eiland:
Anna, edle Tochter Aphrodites und Poseidons.

Helgoland

Aus Feuer und Erde geboren,
von Wasser und Äther umfangen,
standhaft gegen Sturm und Flut,
aufrecht gegen Feindes Wut:
Tapfer, fest und ohne Bangen,
niemals gibst du dich verloren.

Selbstvertrauen ist dein Unterpfand.
Vivat, crescat, floreat – du Helgoland!

Juwel

Urige Figur,
Thron im Meer,
Halt und Wehr,
Mahnmal der Natur:

Anna!

Festung, Wall und Turm,
Zepter, Anker, Port,
Kosmos, Kleinod, Hort,
Schutz bei Flut und Sturm:

Helgoland!

Anmerkung:
Die „Lange Anna“ ist eine einzelne, aus dem Meer ragende, mächtige Felssäule am Nord-West Kap von Helgoland.

Elemente der Liebe und Freundschaft

Wasser flutet, drückt und schwemmt,
es folgt der Schwere Zwang.
Erde dämmt und hemmt
und zähmt des Wassers Drang.

Feuer zündet und verzehrt,
was Natur hervorgebracht.
Wasser sichert und verwehrt
und löscht den Brand mit Macht.

Liebe gleicht dem Feuer,
welches wärmt, doch auch versengt.
Liebe gleicht dem Wasser,
welches labt, belebt, doch auch ertränkt.

Freundschaft gleicht der Erde,
welche schafft, bewahrt und nährt.
Freundschaft gleicht dem Äther,
welcher schöpft und speist und währt.

Insel der Sehnsucht

Im Herzen fühlst du Drang und Sturm,
dein Ziel geht dir nicht aus dem Sinn,
es nagt der Sehnsucht süße Wurm:
Zur Insel der Erfüllung zieht's dich hin.

Dort hin, wo friedlich du kannst leben,
wo Kummer nimmer dich versehrt,
wo Nehmen, Geben, Teilen dich erheben,
wo Freundschaft ewig nährt und währt.

Willst nur grübeln du im elfenbeinern' Turm,
anstatt am Weltrad selber dreh'n?
Flieh' doch hin zur Insel, weg vom Turm,
lass dir die Sehnsucht in Erfüllung geh'n!

Rote Runen am Meeresstrand

Gedanken schweifen übers Meer,
von roten Klippen hin zu Dir,
mit Neigung, Sehnsucht und Begehr,
- mit Liebe.

Rote Steine sammle ich am Strand
und schreib' in großen Lettern
Deinen teuren Namen in den Sand,
- mit Inbrunst:

L A U R A !

Doch ach, des Meeres wilde Wogen
spülen fort die Steine und den Namen;
grausam hat Naturgewalt betrogen
- mein Bekenntnis.

Drum mit Herzens Tinte schreib' ich
meines Lebens Ziel und Sinn
in Deiner Seele Buch und unvergänglich
- mein Vermächtnis:

Laura! – Ich bin Dein!

unverzagt

Einem Korken gleich im wilden Meer,
so treibt auf Wogen Deiner Willkür
all mein Wollen und mein Streben.
Mit Zuversicht als Mast und Mut als Segel,
Willenstrieb als Ruder und mit Vision als Kompass,
bleibt der Korken dennoch streng auf Kurs
zu Hort und Hafen Deines Herzens.

mit Selbstvertrauen

Dichter Nebel lähmt mir Sicht und Schau,
der Himmel düster droht im Wolkenstau.
Auf Meereswogen kämpft mein gutes Boot,
die Fahrt ist schwer, mein Ziel kenn' ich genau.

Es gellt das Meer, es heult der Sturm,
im Herzen bohrt des Zweifels Wurm.
Mit Selbstvertrau'n bestehe ich Gefahr und Not:
Du bist mein Gral, mein Pol und Leuchtturm.

Helgoland und Du

Was treibt mich so zu meines Herzens Insel hin?
Deiner Augen und des Meeres Grün,
Wogen, Wind und Deine Wahrheitstreue.
Du gehst mir nicht mehr aus dem Sinn.

Was treibt mich hin in Deines Herzens Boot?
Deiner Lippen und der Klippen Rot,
Sonne, Salz und Deine Wesenswerte.
Du bist meines Lebens Wein und Brot.

Was treibt mich hin zu Deines Herzens Eis?
Deiner Tugend und des Sandes Weiß,
Sturm und Hagel und Dein Charisma.
Gefangen hast Du mich in Deinem Zauberkreis!

Anmerkung:
grün-rot-weiß sind die Farben der Flagge von Helgoland.

Farbenzauber

Grüne Insel, rote Klippen, weißer Sand.
Aus dem graublaugrünen Meere
ragt empor ein mächt'ger Phallus:
Indisch Rot, gebranntes Siena,
Ocker, Umbra, Schiefergrau.

Die Sonne taucht ins Meer,
spielt üppig mit den Farben:
Böhmischgrün, Türkis und Kobaltblau,
Chromgelb, Krapplack und Karmin:

Flüchtiges Feuer des Äthers,
des Wassers und der Erde.

Rubinrot funkelt Wein im Glase,
golden glänzt ihr Haar
und klar erstrahlen
die Smaragde ihrer Augen.

Sichelmond und Sternenhimmel,
Lichtstrahl des Leuchtturms.

Längs der Klippen schlendern
wir versonnen übers Felsplateau
ins Dunkel einer Sommernacht.
Fremd und finster blickt uns an das Meer.

Eine Bank am Hafen lädt uns ein.
Leere, Stille, sanftes Brandungsrauschen -
und im fahlen Scheine der Laterne
leuchten grell in einem holden Antlitz
ihre Lippen – rot wie Mohn.

Kahn auf Kurs

Auf wilden Wogen treibt mein lecker Kahn
ganz ohne Mast und Segel auf der Liebe Ozean.
Dein Widerstreben türmt der Wogen Macht:
Den Kurs zum Ziel fest halten, kann nur ein Titan.

Insel bin ich

Mein Streben stoppt der Brandungswall,
mein Rufen schluckt der Wasserschall.
Insel bin ich, fern im Ozean verloren.
Meine Liebe findet keinen Widerhall.

Regenbogen und Du

Von der Sehne Spannung weit entflogen
ist der Sehnsucht Pfeil zum Regenbogen.
Der Meermaid Zorn trifft meines Herzens Boot
und es muss kentern auf der Liebe Wogen.

Farbenzauber hoch am Himmelsbau
hell leuchtet lila, rot, gelb, grün und blau,
fast greifbar nah, doch endlos fern.
Kein Pfeil führt mich zu meiner Träume Frau.

Aphrodites Strafe

Äonen herrschte Anna auf der Insel
und dem Sinn der Menschen flößte sie
den Wein der Freundschaft, Lust und Liebe ein.
Doch selber streng enthielt sie sich der Liebe.

Schön und klug war sie, gerecht und aufrichtig,
doch eigensinnig, stolz und herrisch.
Viele hatten schon um Annas Gunst geworben,
aber keiner konnte ihre Liebe sich erobern.

Wieder tauchte auf ein Held mit Herz und Mut,
mit Geist, Gefühl und Können,
der war berückt von ihrem edlen Wesen.
Launisch nahm ihn Anna zum Gespielen.

Er begehrte mehr: die ewige Verbindung.
Doch sie wollte unabhängig sein und frei.
Erbarmungslos verbannte sie den Guten lebenslang.
Von der Klippe stürzte sich der Held ins Meer.

Annas Unvermögen, selber Liebe zu verschenken,
ihr schlechtes Beispiel, das sie so den Menschen bot
und ihre Unbarmherzigkeit und Selbstsucht
tief enttäuschten ihre Mutter und erzürnten sie:

Zur Strafe ließ erstarren Aphrodite
Anna gnadenlos zum Monolithe.

die Liebe
der Nachtigall
zur Rose

die Rose
Symbole und Stufen islamischer Mystik:

Scharf der Dorn – streng das Gesetz,
stechend der Stängel – steinig der Weg,
lieblich die Blüte – rein die Wahrheit,
sinnlich der Duft – tief die Erkenntnis.

die Nachtigall

Wach das Auge – klar der Geist,
zahm die Kehle – frei der Wille,
klug der Schnabel – wahr das Wort,
sinnlich das Lied – tief die Empfindung.

Rose von Jericho

Dürftig ist das Leben,
arm in kargem Wüstensand.
Kaum Pflanzen und kaum Tiere
vegetier'n in solchem Land.

Ein einzig' Lebewesen
es vermag, zu überleben dort,
tief schlafend, wartend
und nach Wasser dürstend immerfort:

Die Ros' von Jericho gar lange schläft
und, erst durch Wasser sie befreit,
zu Leben wieder neu erwacht,
ergrünt und wundervoll gedeiht.

Zuweilen harrt ein Wesen
fern in einem Wüstenort,
tief schlafend, wartend
und nach Liebe dürstend immerfort:

Die Ros' im Moor gar lange schläft
und, erst durch Liebe sie befreit,
zu Leben wieder neu erwacht,
erblüht und wundervoll gedeiht.

Dornrose

Zarte Blütenblätter, Rose rot am Strauch,
reizvoll leuchtet, lockend duftet auch.
Gerne wollte ich sie streicheln, herzen, kosen,
endlich pflücken, edelste der Rosen.

Doch mit spitzen Dornen reich bewehrt,
hat Haut und Herz sie mir versehrt.
Ihr Wesen ist in mir grundtief verwahrt.
Ich liebe ihre Dornen, sie gehör'n zu ihrer Art.

Doch darf ich nur bewundernd sie betrachten
und allein die Dornen lieben, küssen, achten?
Soll ich warten, bis sie ist schon am Vermoosen?
Will beglücken sie: Oh, kostbarste der Rosen!

Röslein auf der Heide

Siehst am Wege du ein Röslein steh'n,
das anblickt dich mit holdem Fleh'n:
„Rühr mich nicht an, ich will dich schützen!"
Nur bewund're es – im Vorübergeh'n!

die Rose und die Nachtigall

Angelockt vom süßen Duftsignal,
die Nachtigall zur Rose kam geflogen,
baden wollte sie den Schnabel in dem Blütengral.
Um den Hauch sie bitter ward betrogen.

Denn Dornen schützen scharf des Nektars Born,
den Honigseim sie hatte nicht gesogen,
tief ins Herz stach sie ein spitzer Dorn.
Um den Tau sie bitter ward betrogen.

Besudelt ward der Rosenstängel ganz vom Blut
des Vogels, frei verschenkt auf Liebeswogen,
trist die Nachtigall verschied in Liebesglut.
Um den Kuss sie bitter ward betrogen.

Des Lebens Sinn sind Ziel und Weg,
ist Wahrheitssuche. Des Lebens Bogen
und sein Pfeil ist Liebe. Glück – ein morscher Steg.
Um das Glück sie bitter ward betrogen.

Rosentraum

Prachtvoll leuchtet, lieblich duftet eine Rose,
einsam thront sie stolz im Felsenhain.
Wind verweht den süßen Duft der Rose,
Nacht und Kälte hindern ihr Gedeih'n.

Herrlich ist das Land, wo Lenz für immer währt,
wo Umwelt friedvoll ist und grün,
wo Wasser, Luft und Erde noch nicht ausgezehrt
und wo der Rose Feuer immer kann erglüh'n.

die Kerze und die Rose

Der Kerze Flamme leuchtet und erwärmt,
ihr Zauber Hungrige zu sich hin zieht.
Der Falter Licht und Wärme geil umschwärmt,
bis jäh er in die Flamme taucht und rasch verglüht.

Die Nachtigall es wie der Falter macht,
das Charisma der Rose gleicht dem Kerzenlicht;
den Schnabel taucht sie in den Blütenschacht,
bis dass der Rose Dorn ihr scharf ins Herze sticht.

Der Docht das Wachs zur Neige trinkt,
bis Licht die Kerze nimmer spendet.
Der Kerze Leben strahlend hell beginnt,
zuletzt in Finsternis, im Nichts verendet.

Gleich dem Falter, den Kerzenlicht verzehrt,
gleich der Nachtigall, die trist erliegt der Rose Glut:
Liebesleid mich trostlos quält und tief versehrt,
bis dass aus meinem Herzen ist geleert das ganze Blut.

rosenrote Träume der Nachtigall

Die Nachtigall stets an die Rose denkt,
wenn jubilierend unter'm Sternenzelt
sie heiße Liebeslieder ihr verschenkt.
Denn einzigartig ist die Rose in der Welt.

Vor den Dornen sich der Vogel hüte,
will er um die Gunst der Rose frei'n!
Nur nach Wasser dürstet es der Blüte,
doch die Nachtigall begehrt der Liebe Wein.

wo bist Du?

Wie und wohin soll ich lenken
meiner Freundesliebe Kosung
und mein Energie gebündelt' Denken?
„Ich schaffe das!" heißt meine Losung:

Rasch ich drehe mich im Kreise
und verstrahle meine Energie ins All.
Sei umarmt ganz innig, sanft und weise,
wilde Rose Du, von Deiner Nachtigall.

Lohn der Liebe

Die Rose lächelt zauberhaft am Strauch,
Verführung lockt des Kelches Hauch,
rubinrot leuchtet hell der Blüte Feuer.
Den Hut des Mannes schmückt sie auch.

Voll Liebe ist der Nachtigall Begehr',
doch Dornen scharf als Schutz und Wehr
und gegen Spieler oder böse Räuber
hüten streng der Rose Tugend, ihre Ehr'.

Berückt von ihrer holden Pracht,
berauscht vom Dufte Tag und Nacht,
betrunken, voll von ihres Nektars Wein,
die Nachtigall erküsst die Rose sacht.

Glückselig ist der Nachtigallen Herz,
jedoch ihr Federkleid nicht ist aus Erz,
und jäh, durchbohrt vom Dornenschwert,
verblutet sie in Trauer, Lust und Schmerz.

Die Blütenpracht auf hohem Dornenthron
nicht ewig lächeln kann mit stolzem Hohn.
Ach! Zarte Knospen, Blüten welken schnell.
Doch süß ist Tod, wenn er der Liebe Lohn.

weiße Rose

Wie lieblich, rein und weiß
der Rose zarte Blütenkreis
bedeutsam mich lässt grüßen.
Bleiche Rose, kalt wie Schnee und Eis.

Wie lieblich, rein und weiß
des Wesens holder Zauberkreis
sich spiegelt wahr in ihrem Antlitz.
Von ihr lass' ich um keinen Preis.

Wie lieblich – und schon rosaweiß
die Blütenblätter, mählich leis,
beginnen zu erröten.
Das Blut der Nachtigall wallt heiß.

Rot

Rot ist das Tuch für den Stier,
rot der Trumpf beim Spiel,
rot die Glut der Liebe.

Rot ist die Rose des Dankes,
rot die Sonne beim Abschied,
rot das Auge unter Tränen.

Rot ist der Sinn der Nachtigall,
rot der Wein der Lieder,
rot das Blut der Träume.

Rot ist der Strich durch die Rechnung.

Kreislauf

Aus der Erde fruchtbar Schoß,
da wächst hervor die Dornenros'.

Sie hat die Nachtigall erkoren
als Gespielin – bedingungslos.
Diese hat der Rose Treu' geschworen
und Vertrauen ihr geschenkt – grenzenlos.

Dem Charisma der Rose zu entrinnen,
ihrem Charme – erfolglos,
ihre Zuneigung gewinnen,
ihre Liebe – aussichtslos.

Die Nachtigall voll Zuversicht
erküsst die Rose – ahnungslos.
Der Rose Dorn jedoch ersticht
die Nachtigall – erbarmungslos.

Der Vogel tief sinkt in der Erde Schoß,
draus wächst hervor die Dornenros'.

der Preis

Der Rose Wesen und ihr holder Blütenkreis
und ihre Tugend, wie Papier so blank und weiß,
den Sinn der Nachtigall bezaubern unheilbar.
Sie will die Rose kosen zart um jeden Preis.

Doch klug die Rose sich zu schützen weiß
mit Dornen und ’nem Wall aus Stein und Eis.
Die Nachtigall, ganz ohne Furcht vor der Gefahr,
umarmt und küsst die Rose sanft und leis.

Jedoch ihr Herz durchbohrt des Dornes spitzer Gneis,
dass rot im Blütenmeer signiert ist ihre Liebe heiß.
Glückselig sie bezahlt die Lust mit Blut in bar.
Hingabe ist wahrer Liebe wahrster Endbeweis.

vergebliche Warnung der Rose

Die Nachtigall will gern die Rose küssen,
denn ihr Nektar ist ein Leckerbissen.
Sie drängt die Schöne: „Liebste, Rose mein,
ach, lass mich trinken Deinen süßen Wein!“

Der Dorn der Rose rät: „Dich hüte vor Gespielen,
die nach deinem süßem Nektar schielen,
die kein wahres Glück dir können schenken,
nur an Lust in deinem Schoße denken!“

Die Rose warnt die Nachtigall:
„Rühr mich nicht an – auf keinen Fall!
Denn, guter Freund, ich will Dich schützen,
Abstand wird uns beiden nützen.“

Der Vogel lässt sich nicht belehren,
will ihr und sich Glückseligkeit bescheren
und umarmt die Rose innig, sacht:
Der Rosendorn ein Blutbad mit ihm macht.

Rosen und Nachtigallen

Rosen duften – doch verblühen,
Nachtigallen singen – doch verstummen.
Liebe dürstet – doch verdurstet,
Freundschaft hat Gewicht – und wird gewogen.

das Luftschloss

Ein Schloss hab' ich erbaut für Dich
und einen Thron an meiner Seite Dir gefunden,
in der Krone oben auf dem Eichenbaum.
Im Flug kannst greifen Du des Himmels Saum.

Wie Federn leicht sind Rosenblütenblätter,
aber wie der Stein an Erde bist Du fest gebunden,
träge durch die Schwere Deiner Wesenheit.
Doch näher an den Sternen Leben reicher Dir gedeiht.

Ach, hättest Du doch Federn anstatt Dornen!
Mit der Freiheit Flügel könntest Du erkunden
neu Dein Leben und die Vielfalt der Natur.
Magst teilen Du der Nachtigallen Lebensspur?

ein Traum

Mir träumte, dass ich Flügel besaß und fliegen konnte.
Rot war der Horizont, erleuchtet von der Glut der Rose
und wies mir den Weg zur Trutzburg meiner Sehnsucht.

Über der duftenden Blütenkrone schwebend,
ward ich betört von der Grazie des Wuchses der Rose,
von dem Rubingebirge und Seidenglanz ihres Antlitzes,
von der Sonne des Blicks und dem Quell des Lächelns.
Mein Schnabel koste die Lippen des Blütensaums
und mein Herz tauchte in den Gral ihrer Seele.
Das Meer der Rose wogte, doch ihre Dornen grollten.
Der Wein ihres Wesens berauschte meine Sinne
und das Schwert ihrer Dornen war mir egal.

Ich sang für die Rose, sang und sang, die ganze Nacht,
Lieder der Nachtigall von Liebenslust und Liebensleid.

Als ich erwachte, blutrot war mein Laken.

Liebe,
Tod
und Teufel

Schicksal, du böse Schlange

Schicksal, böse Schlange!
Hältst mich in der Zange,
zeigst mir deine Zähne,
beißt du mich, vergiftest meine Pläne?

Nein! Ganz machtlos bist du, böse Schlange,
gift'ge Zähne machen mich nicht bange.
Ziel und Weg, die schmiede ganz alleine ich.
Schicksal, falsche Schlange! Ich entlarve dich:

Zufall ist dein wahres Angesicht,
jedoch mich leiten Mut und Zuversicht.
Zukunft nimmer lässt mich beben:
Willen und Gesetz beherrschen mir das Leben.

Macht der Sterne?

Ewig während uns erscheinen Sterne,
doch im All ist Wandlung, stetes Spiel,
sie entstehen und vergehen in des Äthers Ferne.
Wir kennen weder Zweck noch Ziel.

Jupiter, Saturn und Venus, Mars, Merkur,
und strahlend uns're liebe Sonne
fern an Himmel schreiben ihre Lichterspur.
Ihr Anblick uns erfüllt mit Wonne.

Sternegruppen „Bilder" uns bescheren:
Jungfrau, Zwilling, Krebs und Waage.
Unser Leben können diese nicht versehren,
sie schaffen weder Glück noch Plage.

Zwei der Sterne unvergleichbar mich entzücken,
smaragden schimmernd, rein und wahr,
Verstand und Sinne mir erquicken,
leuchtend rätselhaft: ein holdes Augenpaar.

Verheißen sie mir Freud' und Lustgewinn?
Dem Zauber der Smaragde gebe ich mich hin.

Zwillingswaage

Der Zwillingsmann, des' Herz lag brach,
zur Waagefrau mit Pathos sprach:

„Mein Herz, das lege ich Dir sacht
auf eine Seite einer Waage.
Doch die Waage die Balance nur hält,
sofern zugleich und mit Bedacht,
auch auf der and'ren Seit' der Waage
Dein Herz sich dazu gesellt."

die Schnecke

Schnecke, scheue Schöne!
Komm heraus, heraus
aus Deinem Schneckenhaus!
Ist Dir nicht zu bange,
die Zeit alleine lange
in Deinem engen Haus?

Schnecke, komm heraus!

Willst Du ewig führen
karges Dasein einer Schnecke?
Willst Du nicht Dich rühren,
bleiben stets am selben Flecke?
Willst gefangen sein in einem Haus,
nicht frei Dich tummeln ohne Haus?

Schnecke, komm heraus!

geheimnisvolle Wechselwirkung

Zwei Hirne gleichen Sinnes denken,
zwei Herzen gleich im Takte schlagen,
zwei Wesen sich Vertrauen schenken:
Zwei Menschen wollen Freundschaft wagen?

die Tuareg und der Nomade

Im Wüstenzelt das Weib laut lacht,
nimmt auf den ungebet'nen Gast,
gewährt ihm Nahrung, Schutz und Rast
und Lager für die Dauer einer Nacht.

Der Nomade bleibt und will nicht fort,
will lieben sie, erfreuen, ehren,
helfen ihr und dienen, sie ernähren.
Doch das strenge Weib hält Wort.

Unwirsch spricht zum Gast die Tuareg:
„Zu Nomaden bin ich stets sehr gastlich,
auch zu dir gesellig, freundlich.
Doch morgen musst Du von hier weg!"

„Mit Freundschaft – oder Liebe gar –
nicht lasse handeln ich mit mir.
Stets frei will sein ich im Revier,
denn egoistisch bin ich, unbelehrbar."

Der Nomade nicht! die Tuareg versteht,
still halftert sein Kamel und geht,
sucht weiter in dem Meer von Sand
Oase – und ein Weib – im Niemandsland.

das Virus

In meinem Hirn fest haben eingenistet sich:
’ne Hexe, eine Muse, eine Fee:
Dasselbe Weib aus Eis und Schnee,
in drei Gestalten, hat verzaubert mich.

Ein Virus hat sie heimlich mir geschenkt,
das sterbenskrank mich schon gemacht.
Mit ihren Augen sie mir blitzt und lacht,
hat mir Verstand und auch Vernunft verrenkt.

Ihrem Wohlsein dient mein ganzes Tun,
den Boden küss ich, den sie tritt
und Blumen streu’ ich ihrem Schritt.
Für meine Huld jedoch sie bleibt immun.

die Fee

Aus Gold und Silber das Geschmeide,
Robe elegant aus Wolle und aus Seide,
Farbenrausch aus Meeresgrün,
Erdenbraun, Schiefergrau, Rubin,
nebst Sonnengelb und Himmelsblau
verzaubert eine wunderschöne Frau.

Ist sie eine Fee, die klug das Schicksal
mir bestimmt, die Leid und Herzqual
oder Glück und Liebe mir verspricht?
Die Weise weiß es, doch verrät es nicht,
mir wirft nur zu der Augen Rätselblick.
Versonnen kehre ich zu meiner Burg zurück.

der Hexenbesen

In der Au fand ich am Niklassee,
mit Blättern grün und weißem Perlensaum,
den Mistelzweig im tiefen Schnee,
herab gefallen von dem Weidenbaum.

Vor wichtigem Entschluss im Leben
stets befrage Mistelranken weiser Nornen,
damit sie in die Zukunft schauen und Dir geben
kund, ob Rosen blühen Dir, ob stechen Dornen!

Binde fest die Mistel oberhalb der Tür
zu Deinem Schlafgemache, ohne Zagen!
Der „Hexenbesen" möge dienen Dir,
Geschick und Wahrheit zu erfragen!

der geraubte Kuss

Das schmucke Vöglein einem Knaben gut gefällt.
Mit einer Blume will er es erfreu'n,
die zwischen seinen Lippen fest er hält.
Vom Goldgefieder träumend schläft er ein.

Im Flug das Vöglein rasch erspäht den Knaben
und die Blum' vom Mund ihm pickt.
Der Knab' erwacht, die Lippe zwickt
und brennt, ganz leer nun ist sein Mund.
Keine Blume mehr er hat seit jener Stund',
mit der sein Vöglein er könnt' laben!

zwei Vöglein mit seltsamem Gefieder

Am frühen Morgen wartet täglich
eine Amsel brav, dass ich sie fütt're pünktlich.
Den Hals schmückt sie ein weißer Federflaum.
Allein stets fliegt und grüßt sie mich vom Baum.

Auch abends, stets verlässlich ist sie da
und zwitschert mir ein Gute-Nacht-Hurra,
fliegt weg, doch kommt stets wieder:
Amsel mit schwarzweiß Gefieder.

Liebes Vöglein, komm bald wieder!

Mit krausem, goldenem Gefieder
mich besucht auch – hin und wieder -
noch ein and'res schmuckes Vögelein.
Doch die Spröde muss ich locken fein,

zu zwitschern und zu singen,
Freud' und Lust zu bringen.
Ich kann es kaum erwarten,
dass sie fliegt in meinen Garten!

Liebes Vöglein, nicht lass mich warten!

heut' ist heut'

Wir machen unser'n Lebensplan
und tanzen längs des Kraters Rand
gelassen auf dem Unheil trächtigen Vulkan,
gefasst, doch fröhlich, Hand in Hand.

Beschert ist heute uns noch Freud' und Lust,
und morgen auch – vielleicht?
Doch beiden ist uns längst bewusst:
Wir haben den Zenit des Lebens schon erreicht.

Bleibt uns noch eine Weile Zeit,
zu lachen, singen, tanzen, streben?
Wie viel Zeit das Leben uns noch leiht,
zu teilen, nehmen und zu geben?

Doch heute ist uns noch geschenkt ein Tag.

Don Quijote

Gleich' ich etwa Don Quijote, Ritter Ehrenwert?
Der verträumt in einer Welt von Sagen lebt;
der hoch zu Ross, mit Lanze, Schild und Schwert,
nach Sieg und Ruhm, nach Lieb' und Ehre strebt;

der gegen Windes Mühlen tollkühn ficht,
weil für verwunsch'ne Riesen er sie hält;
der gegen eine Herde Schafe mutig sticht,
ein Heer von Kriegern wähnt, sie niederfällt;

der eine Jungfer, die er heimlich hat verehrt,
die ihn nicht kennt, ihn weder liebt, auch nicht begehrt,
sich zur Gebieterin des Herzens auserwählt,
ihr ew'ge Treue schwört und meint, er sei vermählt.

Gleiche ich dem Narren Wundersam? Der fürwahr
nicht Hürden scheut, nicht Rückschlag, noch Gefahr;
gegen Mauern blanker Unvernunft stets sieglos ficht,
gegen Türme sturen Eigensinns ganz zwecklos sticht;

der eine Jungfrau, die er inniglich verehrt,
die ihn schätzt, doch weder liebt noch ihn begehrt,
sich zur Gebieterin des Herzens auserwählt,
ihr ew'ge Treue schwört und – seine Langmut stählt.

Ehrenwerte Ritterschaft? Wundersame Narrheit?
Scheinwelt, Trugbild? Wirklichkeit und Wahrheit?
Wir nehmen wahr und denken, fühlen, handeln,
kreativ im Universum des Bewusstseins wandeln.

Bernstein

Bin ich so verwegen? Bin ich ein Don Juan,
dass ein Weib zu freien ich begehre,
das gezügelt ist durch Trense und Gespann?
Ihr Leben, ihren Frieden etwa ich versehre?

Zurückgezogen lebt sie einfach und ergeben;
- auch zufrieden? Ob sie nach 'nem Diamanten späht,
den das Schicksal ihr verspricht, zu geben?
Mich, den Bernstein, blind sie stolz verschmäht.

Amen!

Wenn alleine Du willst leben, klösterlich
und Dich selbst verdammst in alle Ewigkeit,
vom Gegenteil zu überzeugen Dich,
die Mittel fehlen mir – und auch die Zeit.

Erschöpft und am Erlahmen,
seufz' ich über uns're Dramen
und verbanne Deinen Namen.
Amen! Amen! Amen! – Amen!

Trojanisches Pferd

Verruchte List bist Du mir wert,
drum schick' ich Dir ein Trojer Pferd:

Odysseus, dieser hehre Held
war kühn und schlau, verschlagen;
mir kein Vorbild zwar, jedoch ist mir vergällt
ein Leben ohne Dich. Drum muss ich wagen,
dreist den Wall um Deine Burg zu überwinden.
Mit List und Täuschung sollen die Gedanken
und Gefühle Weg zu Deinem Herzen finden:
Dein Immunschild soll bald wanken!

Mondnacht im Moor

Allein bin ich im Teufelsmoor,
wie in der Nacht zuvor.

Voller Mond, weißsilberblasser,
schimmert auf dem dunklen Wasser.
Über mir das Firmament der grenzenlosen Räume,
auf der Erde dunkle Schatten kahler Bäume,
unter mir mein totes Weib.
Ich sehne mich nach Deinem teuren Leib.

Mein Schatten ist bei mir,
Dein Schatten fern von hier.

Augenblick und Dauer 1

Zufall und Geschicke:
Feuer aller Augenblicke,
Lichtblitz, Glut der Dauer,
Glückseligkeitsschauer.

Liebe, Tod und Teufel

Frohgemut ich wand're in die lichte Welt,
such' Freundschaft, Liebe und mein Glück:
Die Blaue Blume suche ich in Wald und Feld.
Jedoch zur Burg ich kehre leer zurück.

Im Turme schließe ich mich einsam ein
und sinne über Liebe, Glück und Frieden:
Der Mensch soll leben nicht allein,
selber muss sein Glück er schmieden;

nicht entzweien darf er, noch verrenken,
stets soll Freuden mit dem Freunde teilen,
Lieb' empfangen und verschenken,
stets in Frieden mit ihm weilen.

Wagefroh ich wand're in die finst're Welt,
verachte Trübsal, Pein, Gefahr, Geträufel.
Die Blaue Blume nur gewinnt ein Held:
Ein Ritter gegen Tod und Teufel.

Blaue Blume mein

Strahlend schön, verzaubert, tief im Wald,
besessen suchend, finde Dich ich bald:
Die Blätter saftig grün und wenig wund,
die Wurzeln kräftig, kerngesund,
die Blüten schmiegsam und sehr zart,
ein fester Stiel, doch biegsam noch bewahrt,
einzig, edel, schön und fein,
wundervoll Du blühst: Oh, Blaue Blume mein!

Nacht der Tränen

Ein Lied hast Du heut' Nacht gesungen,
das tief ins Herz ist mir gedrungen.
Dein Wesen ist so edel und Dein Sinn so rein,
in Deine Seele tauch' ich meine ein.
Dein Los treibt Tränen mir in triste Augen.
Möge meine Liebe Dir als Balsam taugen!

Gordischer Knoten

Schon lange hegst Du in der Truhe
sorgsam einen Gordisch' Knoten.
Möglichkeiten hast Du deren drei:

Hüte weiter treu das Knäuel!
Löse unermüdlich das Geflecht!
Mutig schneide durch den Knoten!

Welcher Weg verheißt Dir Glück?

zwei Hände – nur ein Herz

Zwei Hände, nur ein Herz hat sie zum Glücklichsein,
in jeder Hand hält fest sie einen Edelstein.
Verkauft den einen oder kauft den andern?
Will sie denn mit zweien durch das Leben wandern,
auf einem scharfen Grat, machen den Spagat?
Wohin will lenken sie ihr Lebensrad?

erfolgreiche Flucht

Ob im Heute Du zur Insel ziehst,
ob Du ans End' der Welt gar fliehst:
Du schleppst die Wünsche und die Sorgen
an den Füssen fest gekettet mit ins Morgen.
Doch schmiedest Du gezielt Dein Glück,
befreit von Fesseln kehrst Du heil zurück.

Ermutigung 1

Mutig blick' nach vorn, dann bleibst Du jung!
Leb' bewusst im Jetzt, gelassen schau' zurück!
Vergangenheit ist nur Erinnerung
und Gegenwart ist Leid und Glück.
Erst Zukunft bietet Dir Gewissheit gnädig:
Ende allen Denkens. Nichts ist ewig.

Freundschaft 1

Was gewachsen ist durch Zuneigung
und mit Vertrau'n in guten Stunden,
bleibe freundschaftlich und Liebe voll,
beständig uns verbunden!

Feuerzauber

Gezündet wird das Feuerwerk,
steigt jäh ins All empor,
fliegt weit, gleich einem Meteor,
zerstiebt mit Funkenschwall
und endet dann mit lautem Knall.

Augenblicke währt das Zauberwerk,
das hell entzündet wirkt und schallt,
mit Macht und Pracht entsteht,
doch rasch erstirbt und kalt verhallt:

Ebenso beginnt und gipfelt – und vergeht -
des Menschen stolzes Lebenswerk.

ein Herbsttag

Noch flattern Schmetterlinge wach umher im Hain,
noch tanzen Mücken froh im letzten Sonnenschein,
noch Blumen blühen und noch Vögel träumen,
doch schon taumeln Blätter von den Bäumen.

Noch erleben wir bewusst die Lebenszeit,
noch sind zum Lieben uns're Herzen auch bereit,
noch ist in uns'ren Kelchen süßer Wein,
doch morgen schon kann alles anders sein.

Herbstzeit

Noch haben Energie wir, Mut zum Tun,
doch tiefer steht des Lebens Sonne nun
und länger werden uns're Schatten.
Unaufhaltsam trifft uns Altern und Ermatten.

Lass uns nutzen Herbstes gold'ne Zeit!
Lass uns bannen Kummer, Sorgen, Leid!
Lass uns teilen Freundschaft, Liebensglück!
Lass uns teilen Dauer und den Augenblick!

die Kraniche

Von weitem hör' ich ihren schrillen Schrei,
in Scharen Kraniche nach Süden fliegen,
in die Ferne ziehen, ohne sich zu trügen,
denn sie kennen Ziel und Weg, sind frei.

Ziel und Weg, die kenn' auch ich, doch meine Beine,
meine Flügel hast gefesselt Du auf schnöde Weise.
Doch ich schenk' Dir Wärme, Licht und Götterspeise,
süße Deinen Lebensherbst mit Liebe, meinem Weine.

Pygmalion und Galathea

Reizvolles Antlitz, lockiges Haar,
wie Smaragde leuchtend ein Augenpaar,
aus Marmor fein gemeißelt die Gestalt,
hold, strahlend schön, – das Herz steinkalt.

„Oh Venus! Brauche Deine Macht!
Hauch' ihr Leben ein, damit erwacht
auch endlich ihre Liebe heiß zu mir!"
Liebste Galathea, innig bete ich zu Dir.

Ermutigung 2

Dein Herz ist gut und groß, ich weiß,
kann wärmen und auch brennen heiß;
es ist vital und nicht versteinert, nicht gelähmt,
jedoch von dem Verstande streng gezähmt.
Wenn zu entdecken Dich, bist Du bereit,
so werden Herz, Verstand und Psyche Dir befreit.

Zu – Fall

Schicksal jäh hat zugeworfen Dir
den Feuerstein mit gütigem Gespür.
Bau auf ihn und halt ihn fest!
Bleibst Du etwa lieber doch in Turmarrest?
Blick' voraus und schau' zurück!
Tausche Turm für Lust und Herzensglück!

Rapunzel im Turm

Wenn eine holde Maid
er für sein Glück begehrt,
ihm keine Mauer und kein Wall
den Weg jemals verwehrt.

Kein Turm kann sein
so steil, so hoch,
dass nicht ein Prinz ihn
könnt' erklimmen doch.

Rapunzel, lass wallen Dein Haar

„Muss auf Dich ich warten Jahr für Jahr?
Rapunzel, Rapunzel, lass wachsen Dein Haar!
Deine Strähnen rasch lass runter wallen!
Hoch zu Dir ich klettere und nicht werd' fallen."

Der Prinz ist schon auf halber Höh',
schaut hoch zu ihr und winkt – oh weh! –
er fällt! Im Dornenbusch er jäh verschwindet,
beide Augen sich zersticht und trist erblindet.

Geblendet irrt der Prinz im Land umher
und findet keine Blaue Blume mehr.
Er sieht nicht Sonne, weder Mond noch Ferne,
nimmer schaut smaragde Augensterne.

Er dürstet, hungert, weint und friert,
ist schlaflos und bekümmert, deprimiert
und lebt mit Traurigkeit und Bitternis
in Nacht und ewig' Finsternis.

Rapunzel sucht den Prinz mit Sehnen,
findet ihn und mit Freudentränen
kosend sie benetzt die blinden Augen:
Jäh, oh Wunder, sieht er wieder: Smaragde, Augen!

wenn Mauern fallen

Mauern tragen und stützen.
Türme bergen und schützen.
Wände trennen und teilen.
Burgen bieten Schutz zum Weilen.

Wände können wackeln, Türme wanken,
Mauern brechen, Häuser schwanken.

Erst wenn Türme stürzen und wenn fallen Mauern,
erst wenn endlich splittern und zerbersten Wände,
werden rasch befreit Gedanken, Herzen, Hände:
Neues Leben sich entfalten kann und dauern.

Türme, Mauern, Wände

Nichts ist je von ewig' Dauer,
nicht das Leben, keine Mauer.
Fesseln, Ketten, Säulen, Hallen,
Türme, Wände, Mauern fallen,
fallen mit Gewalt und ohne, auch durch List,
durch wahre Liebe, ohne Pflicht und Frist.

Niemand kann Dich dazu drängen:
Deine Mauer musst Du selber sprengen!

Wand oder Haut?

Ist sie riesig hoch – die reale Wand?
Ist sie maßlos stark – die fiktive Haut?

Hammer, Meißel, kundig kluge Hand
zertrümmern selbst die höchste Wand.
Verstand und Liebe, klug und traut,
durchdringen selbst die stärkste Haut!

genial gescheitert?

Ein Heuschreck wollte eine Hausschneck freien
und stolzierte vor ihr, zirpte laut mit den Schalmeien
Liebeslieder; wollte keck sie locken flugs heraus,
heraus aus ihrem Schneckenhaus.

Einfallsreich er aktivierte schlau und genial
sein emotionales, physisch mentales Potential,
um sie mit Geist, Gefühl und Charme zu betören.
Doch sie blieb immun und mocht' ihn nicht erhören.

Wunsch und Hoffnung, ihre Liebe zu gewinnen,
sollen gänzlich nun in Nichts zerrinnen?
Allein soll führen er ein Schreckendasein?
Vom Schreck zum Geck soll er jetzt werden? – Nein!

Die Schneck gehört zum Schreck,
allein schon wegen dieses Reimes Zweck.

das Torschloss

Sternaug'! Bist Du erreichbar oder endlos fern?
Steinnuss! Wie knack' ich Dich und find' den Kern?
Torschloss! Wo ist Dein Schlüssel wohl versteckt?
Dornros'! Wie wird Dein Herz aus Schlaf erweckt?
Eiszapf'! Wie mache ich Dich warm und weich?
Moorhex'! Nimm mich auf in Deinem Zauberreich!

Sternschnuppen

Als Sternschnuppe, ganz plötzlich aufgetaucht,
Dein sanfter Kuss, spontan gehaucht,
mir feurig brennt seit jener Stund
auf meinem, ach, so bitt'ren Mund.

Als Sternschnuppe, ganz sicher zielgelenkt,
Dein sanfter Kuss, spontan geschenkt,
ist eingebrannt als Siegel mit Bestand
auf meiner, ach, so kalten Hand.

Wie Sternschnuppen sind jäh sie aufgetaucht,
zwei süße Küsse. Zwar sind sie rasch verraucht,
doch haben mir gezündet lohend Brand
sekundenschnell im Herzen und Verstand.

Sternsekunden

In Augen Blicken an einander hingegeben,
zweie Herzen brennen und erbeben:
Zwischen Ewigkeit und Ewigkeit
Sekunden inne hält der Lauf der Zeit.

Zeit

was ist Zeit?
zweierlei:

ohne Dich,
mit Dir.

Freundschaftswaage

Es gibt kein Gewicht,
das den Wert eines wahren Freundes
aufwiegen könnte.

Umarmung 1

Der Augen Blicke in einander dringen,
in Resonanz der Psyche Saiten schwingen.
Schweigen, Horchen, Fühlen, Animieren:
Innig übertragen wir so beim Berühren
während Sternsekunden tiefer Harmonie
auf einander uns're Lebensenergie,
mentale, physische und emotionale,
durch die Haut, die äuß're Schale,
ins Gehirn, in des Bewusstseins Kern -
und wähnen uns auf einem fernen Stern.

Umarmung 2

Zwei Wangen sanft sich an einander schmiegen
und zwei Körper sich zu einem Ganzen fügen.
Vier Arme schirmend sich umschlingen,
gleich zwei Händen, welche faltend sich umschließen.
Zwei Menschen, deren Seelen in einander dringen,
lassen ihre Energien zu einander fließen.
In Momenten an einander zeitlos hingegeben,
Geborgenheit und Einssein sie bewusst erleben –

in einer Umarmung.

Gebet

Liebste mein,
die Du liegst mir im Herzen:
Heilig ist mir Dein Name,
komm in mein Reich!
Dein Wille geschehe,
teile den meinen!
Ich bin Dein Brot,
ich lasse Dich essen.
Du bist mein Wein,
so lass mich trinken!
Vergib mir meine Fehler!
Dir verzeihe ich die Deinen.
Führe mich in Versuchung!
Ich schenke Dir Erlösung.
Denn unsere Seelen sind Eins,
jetzt und auch in Ewigkeit.

Amen!

Kreuzigung

Wer mehr liebt
den Anderen,
als sich selbst,
der wird gekreuzigt
und muss bluten,
doch begreift sein Leiden
als den Weg zur Wahrheit.

Feuer und Glut

Das Feuer meiner Liebe
zwinge ich zur Glut.
Die Glut der Freundschaft
schüre ich zu Feuer.

dritter Blick

Liebe auf den ersten Blick,
auch auf den zweiten oder dritten:
Keine Regel kennt des Liebens Glück.
Doch Liebe tiefer reift in kleinen Schritten.

Erkenntnis 1

Erst vom Gipfelpunkt des Berges
Du ermisst die Ferne und den Horizont.
Erst auf dem Grund des Kraters
Du erkennst die Freiheit eines Vogels.
Erst in der Tiefe Deiner Psyche
Du nimmst wahr Dein Zweites Ich.

späte Einsicht

Traurig, dass zu spät ich musst' erfahren,
wer geliebt mich hatt' vor vielen Jahren.
Bitter, wenn dereinst musst Du! bekennen,
wen geliebt Du hattest, ohne selbst es zu erkennen.

Spieglein, Spieglein ...

Spieglein, Spieglein an der Wand,
nicht streu mir in die Augen Sand!
Bin ich's oder bin ich's nicht?
Zeigst du mir mein wahr' Gesicht?

Spieglein, Spieglein trüg' mich nicht,
sei gehorsam, tue deine Pflicht!
Am Lächeln und am finst'ren Blick,
erkenn' ich Freud' und Missgeschick.

Spieglein, Spieglein sei mir gut gewillt,
zeig' mir auch der Liebsten trautes Bild!
Seh' ich sie an, so schaut sie mir zurück,
aus ihrer Augen Brunnen trinkt mein Blick.

Spieglein, Spieglein öffne mir die Sicht,
bring' Gefühle meiner Liebsten auch ans Licht!
Zeige mir ihr Denken, lüfte mir ihr Schleiertuch!
Lass mich lesen ihrer Seele Zauberbuch!

Erleuchtung

Du bist mein Spiegel,
in dem ich mich erkenne.
Ich bin Dein Spiegel,
in dem Du Dich erkennst.

Uns're Energien pulsieren
zwischen beiden Spiegeln
und verstärken sich zur Resonanz:
zum Lichtblitz der Erleuchtung.

eine alte Geschichte

Variation eines Gedichts von Heinrich Heine

Ein Ritter liebt 'ne holde Maid,
die hat sein Herz mit Freud' erhellt.
Sie lebt in Abgeschiedenheit,
den Turm als Heimstatt hat gewählt.

Sie gleicht der schönen Loreley
und treibt mit ihm aus Spaß nur Spiel,
denn leben will sie selbstbestimmt und frei.
Der Ritter kühn beharrt auf seinem Ziel.

Er schenkt ihr Rosen und Vertrauen,
Freundschaft, Ring und Liebe heiß.
Er bietet Schutz und Freiheit, Schloss und Auen.
Doch ihr Herz bleibt kalt und starr wie Eis.

Sonnenblick

Wie Nacht ist ohne Sternenzelt,
wie Tag ist ohne Sonnenblick,
so leer ist ohne Dich die Welt,
so triste ist mein Leben, ohne Glück.

Freiheit

Erst, wenn gelassen und besonnen
meine Rosen Du kannst öffentlich empfangen,
erst, wenn mit Würde Dir es kann gelingen,
meinen Schmuck zu tragen unbefangen,
erst, wenn auch alle Freunde dürfen wissen,
dass zusammen wir die Zeit verbringen,
singen, spielen, tanzen und uns küssen,
dann erst hast Du Freiheit ganz gewonnen.

Tyche

Der wahre Freund
zur rechten Zeit,
am richt'gen Ort
für Dich bereit:

Tyche!

Epikureische Weisheit

Vom Zufall blind gelenkt habt ihr euch jäh entdeckt
und ahnungsvoll der Seelen Resonanz erkannt,
den Atem frisch gekostet, eure Herzen neu erweckt,
ihr Zwei, Entrückte, sinnend, Eins am Klippenrand.

Zwecklos ist, Vergang'nes und Verlor'nes zu betrauern.
Selbstbewusst und tapfer seid ihr gegen Leid gefeit.
Schleift alles, eure Burgen, Türme, Gräben, Mauern!
Häutet euch! Erfindet neu euch! Jetzt! ist eure Zeit.

Nichts Größeres könnt ihr für euch erstreben,
als euch Freundesliebe und Vertrauen treu zu teilen,
als ohne Angst und ohne Schmerzen leben,
selbstbestimmt und frei, gemeinsam zu verweilen.

Schmetterling und Prinz

Es flattert froh ein schöner Schmetterling im Hain,
smaragde Flügel schillern hell im Sonnenschein.
Er fliegt hinauf und taumelt wieder runter,
tanzt im Blumenmeer ganz emsig, munter,
setzt auf blauen Blüten sich hernieder,
golden glänzt der Hals und leuchtet das Geflieder.

Ein Jüngling die Geflügelte sogleich erblickt,
ihr Tanz und Treiben betörend ihn entzückt.

„Dich will ich haschen, Dich will ich haben,
mich ergötzen und an Dir mich laben.
Sorg' und Trübsal will ich Dir verjagen,
mit dem Schwerte Deine Feinde schlagen,
von Verzauberung erlösen Dich und geben
Dir die gültige Gestalt im wahren Leben.
Prinzessin! Edler schöner Schmetterling:
Ich bin Dein Prinz – hier, nimm den Ring!"

Doch vergebens ist sein Bitten, Locken, Jagen,
alle Künste und Gedanken, Taten, sie versagen.

„Guter Prinz, auf mich kannst lange Du noch warten,
denn frei will tummeln ich mich stets im Garten.
Liebeslust und Ring bedeuten wenig mir.
Alleine will ich bleiben, bin ein eitles Flügeltier.
Freiwillig der Schmetterling muss handeln.
Den Zauber werd' ich lösen, mich verwandeln,
doch erst dann, wenn eig'ner Willen dazu zwingt,
ich jemanden auch liebe und das Glück mir winkt."

Traurig kehrt der Prinz zu seiner Burg zurück.
Ob ihm dereinst noch lachen Lieb' und Glück?

Prinz und Schmetterling

Munter flügelt unser Schmetterling im Hain.
Traurig lebt der Prinz in seiner Burg allein.
Schlaflos, krank, von Liebe ist besessen,
nie mehr kann er die Geflügelte vergessen.
Stets ihm bleibt gezielt sein ganzes Sinnen,
wie er könnte der Prinzessin Lieb' gewinnen.

Endlich hat den Ausweg er gefunden:
Durch Verwandlung nur kann er gesunden.
Burg und Reich er einer guten Fee vermacht,
damit sie ihn verzaub're: Neugeboren er erwacht,
verwandelt zu 'nem schönen Schmetterling.
Der Geliebten gleicht er wie ein Bruderzwilling.

Ihr Leben sie verbringen nun zu zwei'n,
fliegend, flatternd, tanzend, kosend, froh im Hain.

hurra, hurra – der Lenz ist da

Die ganze Nacht die Frösche lustvoll quaken,
sich mit einander liebevoll verhaken.
Einsam denk' ich sehnsuchtsvoll an Dich
und liege schlaflos auf dem Laken.

süßes Schlafmittel

Fürsorglich und freundlich bist Du mir gesonnen,
hast mit einem wollenen Geflechte mich bedacht.
Ein Zeugnis Deines Wesens habe ich gewonnen,
das mich wärmt bei Tage und die ganze Nacht.

Wenn ich im Tuche sorgsam eingeschlossen,
auf dem Laken liege, wohlig fein,
von Wärme wird mein Körper sanft durchflossen,
so, als lägest Du daneben, Liebste mein.

Wenn Gedanken nachts mich hindern, dass ich schlafe,
wenn mich Wünsche quälen, einsam in der Nacht,
beginne ich zu zählen Herden braver Schafe,
aus deren Fell das Netzwerk ward gemacht.

zwei Smaragde

Bei Tag, wenn mir Gedanken reifen,
bei Nacht, wenn Träume mich ergreifen,
dann erscheint ein Antlitz mir, ein Augenpaar:
Zwei Smaragde – treu und wahr.

Bei Nacht am Firmament die Sterne funkeln.
Auch bei Tageslicht, nicht nur im Dunkeln,
mir hell erstrahlt ein Sternenpaar:
Zwei Smaragde – treu und wahr.

In Freud und Leid, in Glück und bei Gefahr,
mit mir verbunden stets, ganz untrennbar,
begleiten mich und stärken immerdar:
Zwei Smaragde – treu und wahr.

Hymne

Zwei Augensterne leuchten klar und rein
gar freundlich, ernsthaft in mein Leben.
Zwei Augensterne lassen mir, wie Wein,
den Geist empor zu Göttern heben.

Zwei Wangen fühl' ich innig, fein,
Vertrau'n und Zuversicht sie weben.
Zwei Wangen lassen mir im Mondes Schein
die Seele hin ins Reich des Äthers schweben.

Zwei Lippen sprechen aufrichtig und frei,
manch' Lob und Tadel, weisen Rat mir geben.
Zwei Lippen lassen, selig voller Zauberei,
mein Herz im Leibe schwingen und erbeben.

Dir will ich bauen Tempel und Altar.
Dir will ich opfern, singen Wonnelieder.
Dich werd' ich preisen noch mit Silberhaar,
bis dass der Tod ins Nichts mich stürzt danieder.

Freiheit Nr 1

Frei sind die Gefühle und Gedanken,
doch sie frei zu äußern, gibt es Schranken.
Nur der Liebe ist nichts gleich zu setzen:
Selbst gezeigt ganz offen, kann sie nie verletzen,
frei kann denken, frei kann fühlen,
frei verschenken, auf das Glück frei zielen.

Du wirfst mir zu den Ball:
„Halte offen Dich für Alles!
Gib Allem eine Chance!“
Ich fange auf den Ball.

offen und bereit

„Halte offen Dich für Alles!“
Schärfe Ohren Dir und Augen!
Folg’ dem Wurf des Balles!
Doch nicht alles mag Dir taugen.

Denn das Spiel kann sein recht lahm
und ungewiss Verlauf und Ende.
Den Ball spielst Du nur mühsam
auf ’nem holprigem Gelände.

„Gib Allem eine Chance!“
Doch nicht alles ist gleich wichtig.
Verliere nicht Balance!
Denke und handle richtig!

Wenn Du kannst das Wichtige erkennen,
wenn Ziel und Weg Du kannst Dir wählen,
Dich von wertlosem Ballast kannst trennen,
werden Freud’ und Friede Dich beseelen.

ein Blatt Papier

Ein Blatt Papier, ganz weiß und blank,
wie Wasser ist es, rein und klar,
das nicht verschwendet,
noch verschmutzt darf werden.

Durch Schrift und Texte
wird Papier zum Dokument.
Durch Pinselstrich mit Farben
wird Papier zum Bild.

Achtlos hin geschrieb'ner Text,
flüchtig hin gemaltes Bild,
uns offenbaren, dass da jemand
auf dem Blatt Papier gewirkt hat.

Ein Blatt Papier, ganz weiß und blank,
will leer und rein verbleiben,
bis es selber weiß und selbst entscheidet,
ob wer schreiben oder malen darf darauf.

Schale ohne Kern?

Denken – ohne Freiheit?
Wissen – ohne Wahrheit?
Reden – ohne Weisheit?
Entscheiden – ohne Vernunft?
Handeln – ohne Verantwortung?
Dulden – ohne Willen?
Warten – ohne Ziel?
Leben – ohne Freundschaft, ohne Liebe?

Nein!

vorbei?

Wein – getrunken?
Sang – verklungen?
Tanz – getanzt?
Wort – verstummt?
Text – verschollen?

Feuer – verglüht?
Erde – vertrocknet?
Wasser – versiegt?
Äther – verseucht?

Gedanke – vergessen?
Gefühl – erloschen?
Traum – entflogen?

Freundschaft – verhungert?
Liebe – verdurstet?

Leben – zu Ende!

Nachruf

Ein Jahr wohnt sie nun schon bei mir,
ist leise, schüchtern, brav und nett.
Zuweilen küsste sie mich zum Pläsier
am Knie und tanzte munter in mei'm Bett.

Des Nachts ist es einmal geschehen,
- ich lauschte der Musik von Bach -
sie kam und küsste meine Zehen.
Ich blieb die ganze Nacht hellwach.

Sie ist die Einzige, die mich erträgt,
schon lange wir uns näher kennen.
Tango mag sie auch. Bewegt, erregt,
ich werd' mich dennoch von ihr trennen.

Erfahren auch mit Ködern und im Fangen,
hab ich es versucht mit Wurst und Speck.
Jedoch den Fallen ist sie klug entgangen,
jede Lockung ganz verfehlte ihren Zweck.

Doch schließlich hat sie einen Fehler dann gemacht
und unbesonnen von den Zwiebeln mal genascht.
Die Falle füllte ich mit Zwiebeln – und so bedacht,
hab' ich die Maus mit Rohkost dann erhascht.

ein Würfelspiel

Die Liebe ist ein Würfelspiel,
stellt Unglück oder Glück zur Frage.
Drei Sechser sind des Wurfes Ziel,
drei Einser seltene Blamage.

Die Liebe ist ein Würfelspiel,
Verliebtheit und Enttäuschung, Klage.
Töricht Zwei verspiel'n des Liebens Ziel,
statt Friede schaffen Streit und Plage.

Die Liebe ist kein! Würfelspiel,
ist Aufgab', Einsatz, Waage.
Mit Verve Zwei gewinnen klug ihr Ziel:
Freundschaft, Eintracht stets in jeder Lebenslage.

das Stacheltier

In Dir existiert,
mental dominiert,
psychisch etabliert,
emotional fixiert,
physisch exekutiert,

ein defensives Nein.

Warum igelst Du Dich ein?
Nein und! Ja gehör'n zum Sein.

Blitz und Tau

Es ist der Blitz aus Äthers Schlund,
der jäh mein Herz entzündet.
Es ist der Tau von Deinem Mund,
der Licht und Wärme mir verkündet.

Es ist die Wahrheit, Deines Herzens Kern,
die reich mir füllt den Lebensgral.
Es ist die Seele, Deines Daseins Stern,
die hell mir leuchtet, wie der Sonne Strahl.

Weisheit meiner Mutter

Morgens früh geschmunzelt,
mittags nicht die Stirn gerunzelt,
abends dann gelacht, dass es laut schallt:
So wirst Du hundert Jahre alt!

Ermutigung 3

Wenn das Gestern schmerzfrei Du erlebst,
im Heute Du mit Lust und Freude strebst,
dann wird das Morgen Dich noch weiten,
rüstig Du des Jahres Lauf begleiten.

die Norne und der Bogen

Runen spinnt die Norne in den Faden;
lila, blau, grün, gelb und rot
gefärbt ist meines Schicksals Seil.
Lieb und Leid sie mir bestimmt – und Tod.

Meines Lebens Runen sind im Glück
gelb, rot und lila, blau und grün,
doch grau und schwarz im Leid,
wenn Licht und Wärme flieh'n.

Prächtig leuchtet fern der Bogen,
wölbt sich hoch im Himmelsbau,
wenn es regnet lind im Sonnenlicht -
rot, gelb, grün und lila, blau.

Mächtig spanne ich den Bogen,
ziele auf das ferne Farbenspiel -
lila, blau, grün, gelb und rot.
Doch niemals trifft mein Pfeil ins Ziel.

Wie gleichst dem schönen Regenbogen Du!
Wollte greifen, fest Dich halten gern,
Du holde Lila, Blau, Grün, Gelb und Rot:
Wie bist Du mir so nah und doch unnahbar fern!

Liebe, Glaube, Hoffnung

Es zuckt die Lippe und das Auge tränt.
Hab' vergebens ich um Dich gerungen?
Tief in mir ein bodenloser Krater gähnt.
Ist mein Lebenslied denn schon verklungen?
Nein! Der holde Stern an meinem Firmament,
in seinen Bann mich ziehend, ewig brennt.

Letzter Reigen?

Herbststurm fegt an Ästen und an Zweigen,
noch bricht den Stamm des Baumes nicht.
Lädt der Tod schon ein zum letzten Reigen?
Noch blicke ich ihm mutig ins Gesicht.

vertrauter Mond

Milde spiegelst du das Sonnenlicht,
beständig folgst du deiner Bahn.
Mit holdem, bleichem Angesicht
erkundest du der Menschen Witz und Wahn.

Versteckt hältst du dein silbern' Antlitz
heimlich hinter einem Wolkenband,
kurz schielst durch einen Wolkenschlitz
und siehst doch jeden Gegenstand.

Erkennst du meiner Liebsten Hort?
Lugst du flugs in ihre Kammer rein?
Wacht sie oder träumt? Ist sie fort?
Behüt' sie wohl mit mildem Schein!

Mit meinen herzlichen Gedanken
sollst verzaubern ihren Sinn und schicken
meiner treuen Liebe Rosenranken
ihr, samt Kuss mit deinen guten Blicken!

Lass schlafen sie ganz tief und träumen
vom Gefährten, einst bei Schnee und Sonne,
Sturm und Regen! Und lass sie nicht versäumen
der Morgensonne gold'ne Glut und Wonne!

Frau im Mond

Körperlich und doch nicht greifbar, stumm und fern,
du nächtlicher Begleiter, mein Herzensstern;
dein holder Silberschein entrückt, verzaubert mich,
mein Mond, Vertrauter, dich umarm' ich inniglich.

Auf der dunklen Wasserfläche spiegelt hold und mild,
bewegt und funkelnd, dein vertrautes Bild.
Verführung lächelt mir Dein Mund, ich neig' mich hin,
Dein Tau benetzt mich, – irre wird mein Sinn.

Tiefer tauch' ich in die Flut, den Schlund hinein
und weiß nicht mehr, was wirklich ist, was Schein.
Wie Meer umfängt mich Dein geschmeid'ger Leib.
Dir gebe ich mich hin – Du bist mein letztes! Weib.

Erkenntnis 2

Meine Blicke sehnlich schweifen hoch empor
zum Firmament, zum Mond und zu den Sternen.
Du Göttliche! Dich suche ich, mit Perlenflor
und Gold geschmückt, in Himmels Fernen.

Doch Dein Bild im Äther nimmer finde ich,
denn Dein Ich weilt auf dem Erdenball.
Du Irdische! Rosen rot umrankt und endlich,
thronst gar mächtig Du in meiner Seele All.

Mitternacht im Moor

Bei Schnee und Eis allein im Moor:
Versunkenheit am Jahresende.
Sternenhimmel, Sichelmond und Meteor.
Wunsch und Hoffnung – Lebenswende?

Hörst Du den Glockenschlag um Mitternacht?
Die Jahreszahl nur hat sich jetzt geändert.
Lass' umarmen Dich, liebevoll und sacht.
Wahre Freundschaft stets bleibt unverändert!

Winter

Bäume greifen kahl ins Himmelsgrau.
Krähen kreisen krächzend über Bäumekronen.
Dürftig leer sind Felder, Forst und Au,
die Kraniche gezogen längst in warme Zonen.

Raureif morgens schläft auf Wies' und Hain
und Wolken hängen tief, gar dichte Nebel wallen,
Sturm und Regen, wenig Sonnenschein:
Der Winter nimmt uns in die Krallen.

In Feld und Flur nun Frost und Schnee obwalten,
Tropfeneis klebt glitzernd an den Zweigen.
Doch kleine Knospen schon bereit sich halten
für Erneuerung und Frühlingsreigen.

Grün und aufrecht steht Dein Lebensbaum,
vom Sturm zerzaust ist nur Dein Haar.
Mit Willen hältst Dein Leben Du in Zaum
und Deine Wurzeln gründen tief und wahr.

Von Eis umhüllt sind Deine Lebensknospen zart,
jedoch, wenn Selbstvertrauen und Verstand
sie treiben aus zur Blüte bald, für die sie lang' geharrt,
dann tanzt der Lenz auch Dir! ins Land.

der Seilakt

Von der Kuppel hängt das Seil herab,
am Trapez das Weib turnt wunderbar,
mit einer Hand hält fest sie sich am Stab,
lang wallt beim Schaukelflug ihr Haar.

Kein Netz schützt vor dem Fall ins Nichts,
doch fester Glaube an ihr Ziel
und an das Glück des Augenblicks
verleih'n ihr Kraft zu Kunst und Spiel.

Riskant sie spielt, hoch über der Erwartung Kluft,
ihr Anspruch an sich selbst kennt kein Erbarmen.
Mit dreifach' Salto fliegt sie durch die Luft -
und wird erlöst von sich'ren Armen.

Gleich dieser Akrobatik ist Dein Leben.
Mit Aura, Können, Selbstvertrauen
kannst Du Freude ander'n Menschen geben
und selber kannst auf deren Beifall bauen.

Leerlauf

Mit Lust schenk' ich den Gral randvoll,
giess' Freundschaft rein und Liebe viel.
Ich weiß nicht, was ich tuen soll
mit einem Weib, das mich nicht will.

Lieder sing' ich ihr in Dur und Moll,
gar leis und rein, auch laut und schrill.
Ich weiß nicht, was ich tuen soll
mit einem Weib, das mich nicht will.

Tanzen würd' ich selbst auf dem Vulkan
mit ihr und reden, singen Nacht und Tag.
Ich weiß nicht, was ich tuen kann,
damit das Weib vielleicht mich mag.

Selbst Leid und Qual des Sisyphos
nähm' ich auf mich und liebte sie auch dann.
Ich weiß nicht, was ich tuen muss,
wenn sie nicht will und auch nicht kann.

der Schwan

Seitdem am Meere ich entdeckt hab' Dich,
Dein Wesen hat entrückt, bezaubert mich
und zielbewusst in meinen Lebensplan
schloss Dich ich ein, Du edler Schwan.

Wir tauschten Blicke, Atem und Gedanken,
Herz und Seele mein in Dir ertranken.
Sinnverwandt in Eigenschaften vielen
wurden wir vertrauensvoll Gespielen.

Ich wollte fangen Dich, Schwanwilde Du,
wollt' sanft Dich zähmen, innig pflegen immerzu.
Denn Deine Gunst und Liebe wollte ich gewinnen,
Lebensfreuden uns zu zwei'n ersinnen.

Auf Dich schoss ich, erhitzt von Liebeswahn,
Gedankenpfeile arglos blind, mein Schwan,
getränkt mit Süßkraut, doch auch Bitterwurz:
Aus heit'rem Himmel kam Dein jäher Sturz.

Danieder liegst Du nun in Leid und Schmerz,
getroffen hab ich Dich ganz tief ins Herz.
Muss glücklos bleiben ich nun lebenslang?
Darf nie mehr hören Deinen fröhlichen Gesang?

die unversehrte Unbefangenheit

Übers Meer die Nixe kam geschwommen,
schiffbrüchig und matt ich lag am Strand.
Sie pflegte mich und nahm mich an die Hand.
Hab die Unbefangenheit ich ihr genommen?

Durch das Moor die Hexe kam geritten,
tief gestrauchelt lag ich wund im Sumpf.
Sie pflegte mich, ich koste ihren Rumpf.
Hab die Unbefangenheit ich ihr beschnitten?

Auf einer Wolke meine Muse kam geflogen,
arg geschunden lag ich tief am Kratergrund.
Sie pflegte mich und küsste mich gesund.
Hab die Unbefangenheit ich ihr entzogen?

Als Liebste hab ich sie erkoren:
dasselbe Weib, doch in Gestalten vielen;
alle sind mir treuvertraut Gespielen.
Die Unbefangenheit sie haben nicht verloren!

In einer Sommernacht, auf der Gefühle Wogen,
haben wir getanzt, gesungen – und auch geweint.
Unsre Seelen waren inniglich vereint.
Hab ich Deine Unbefangenheit betrogen?

Rückbesinnung und Vorausschau

Wenn weder Freud noch Leid Du je vergisst,
das Gestern nicht verdrängst, noch es negierst,
wenn im Heute Du erkennst, was wichtig ist,
das Gestern auch im Heute integrierst,
dann wird das Heute Dich für morgen stählen,
wirst Schmerz und Leid Du tapfer tragen,
wird Glück beflügeln Dich, beseelen,
damit das Übermorgen mutig Du kannst wagen.

Ziel

Niemals gib dein Ziel verloren,
wenn mit Herzblut und Verstand
geprüft, es du dir hast erkoren.
Selber hast dein Glück du in der Hand.

ein Mensch

an Eugen Roth

Ein Mensch Dir mit Verstand und mit Gefühl weissagt:
Nur der gewinnt, wer überlegt, entschlossen wagt.
Wenn Ziel und Werte sinnvoll war'n gewählt,
mit Beharrlichkeit verfolgt, er selten sie verfehlt.

Ziel und Glück

an Hermann Hesse

Solang ich nach dem Glücke jage,
mir Ziele setze, rastlos bin,
solang an Unglück nimmer ich verzage,
schenkt das Leben Lust mir und Gewinn.

Solang noch Sinne mir sind reich beschert
und ich noch denken, fühlen, träumen kann,
solang noch Freundschaft wird gewährt,
mich drängt mein Willen stets gezielt voran.

Solang ich reifen will und mich entfalten,
neue Wege muss erproben ich und wagen,
aus Scheitern lernen, neu entwickeln und gestalten,
niemals will ich mutlos passen, nie entsagen.

Solang ich Neues will erkennen,
noch vermag zu schöpfen und zu schaffen,
kann das Glück mit Namen ich benennen
und mein Antrieb niemals wird erschlaffen.

Erst, wenn keine Ziele mehr mich treiben,
erst, wenn Geist und Körper am Erlahmen,
erst, wenn keine Freunde mehr mir bleiben,
nehm' beherzt ich Abschied: Genug und Amen!

Stoische Weisheit

Hab Selbstvertrauen, Mut und Tapferkeit,
dann wirst dein Leben meistern du.

Vertraue nicht darauf,
dass Glück vielleicht
und jäh dir zufällt!
Nutze günstige Umstände,
setze sinnvolle Ziele
und zäh erarbeite dir dein Glück!

Doch wenn dein Ziel du nicht gewinnst,
so nimm dein Scheitern hin mit Gelassenheit!

Tango Argentino 1

Sekunden lang Begegnung, tief der Augen Blick.
Erwartung, Spannung, Stille – Tangomusik!

Deine Hand ruht schwebend in der meinen.
Uns're Herzen sich beim Tango inniglich vereinen.
Meine Wange fühlt die Nähe Deiner Stirn,
dem Tanze geb' ich Lauf in mei'm Gehirn.
Geborgen in Umarmung nah, vertraut mit Dir,
ich alle Fasern Deines Körpers in den Adern spür.
Der Atem Deines Leibes mich umfängt
und himmelwärts ich fühle mich gedrängt.

Vor- und rückwärts schreite ich und seitlich,
fühlsam folgst Du meiner Brust und fügst Dich.
Uns're Beine, gut beherrscht und ohne Schwere,
stolpern nicht, geraten nicht in Quere.
Deinem Knie ich gebe einen sanften Kick:
Dein Bein fliegt weg, zum ocho – Schritt zurück.
Gut hältst Du Deine Achse und ich fühle, welche.
Eine edle Rose bist Du in meinem Kelche.

Tangotanzen – seliges Gefühl, Imagination,
Beherrschung und Befreiung, Meditation!

Tango Argentino 2

Bei Tango **Argentino**
ist für das **Tanzpaar essenziell**
eine gute **physische,**
mentale **und emotionale**
Verbindung,
also Umarmung, Haltung, **Körperbeherrschung, Dynamik,**
Gespür für die **Befindlichkeit des/r Partners/in**
und gegenseitiges **Einfühlen auf einander.**
Die Qualität der Verbindung wird bestimmt vor allem durch die
Umarmung,
in der sich auch **ausdrücken**
wechselseitige Sympathie, **Vertrauen und Geborgenheit.**
Im Tango **gibt es**
keine! einseitige Führung **oder Unterordnung,**
sondern Gewährung **von Freiheit,**
von Spielraum für **individuelle Kreativität.**
Der Tanguero bietet an, **begleitet und empfängt die Tanguera,**
er lässt sie gewähren **und sie gestaltet.**
Diese Erfahrung kann **man verallgemeinern:**
Zu einer guten Beziehung **zwischen Mann und Frau**
gehört dieselbe **Einstellung wie zu**
Tango Argentino.
Wenn du als Tänzerin/er
nicht in die Umarmung mit
deinem/r Tanzpartner/in gelangst,
kann kein Tango entstehen.
Wie verhält es sich mit unserer Umarmung?
Bist Du mental oder emotional
von irgendetwas so fest umgarnt,
darin verschlossen, gefesselt, gefangen,
dass Du Dich nicht bewegen kannst?
Wodurch bist Du zugeschlossen?
Ach, Liebste! Öffne Dich!

Gedankensplitter

Wo ein starker Wille ist,
unaufhaltsam ist die Tat.

Sinnlos ist ein Brunnen ganz ohne Wasser.

Was du nicht besessen,
hast du nicht verloren.

Erst wenn du einen Zahn verloren hast,
bemerkst du eine Lücke im Gebiss.

Leid und Not sind nicht gebannt,
steckst du den Kopf in Wüstensand.

Freundschaft muss wachsen,
kann geprüft werden, muss sich bewähren.

Liebe ohne Freundschaft ist keine Liebe.

Freundschaft und Liebe
kennen keine Bedingungen.

Unglücklich verliebt
ist besser als
unglücklich verheiratet.

Mit Einem(r) 1 Jahr glücklich leben ist besser
als mit einem(r) Anderen 10 Jahre unglücklich.

Quellen

Heinrich Heine, „ein Jüngling liebt ein Mädchen ...“, in „Buch der Lieder“, Gesammelte Werke, Max Hesses Verlag Leipzig, (ohne Jahreszahl)

Hermann Hesse, „Glück“, in „Die Gedichte“, Suhrkamp Verlag Berlin, 1953

Eugen Roth, „Ein Mensch, entschlusslos und verträumt ...“, in „Der letzte Mensch“, Hanser Verlag München, 1964

Omar Khajjam, aus dem Persischen übertragen von Friedrich Rosen, „Sinnsprüche Omars des Zeltmachers“, Insel Verlag, Leipzig 1929

Miguel de Cervantes Saavedra, „Don Quijote von der Mancha“, Antäus Verlag, Lübeck 1955